世界古文明分佈圖

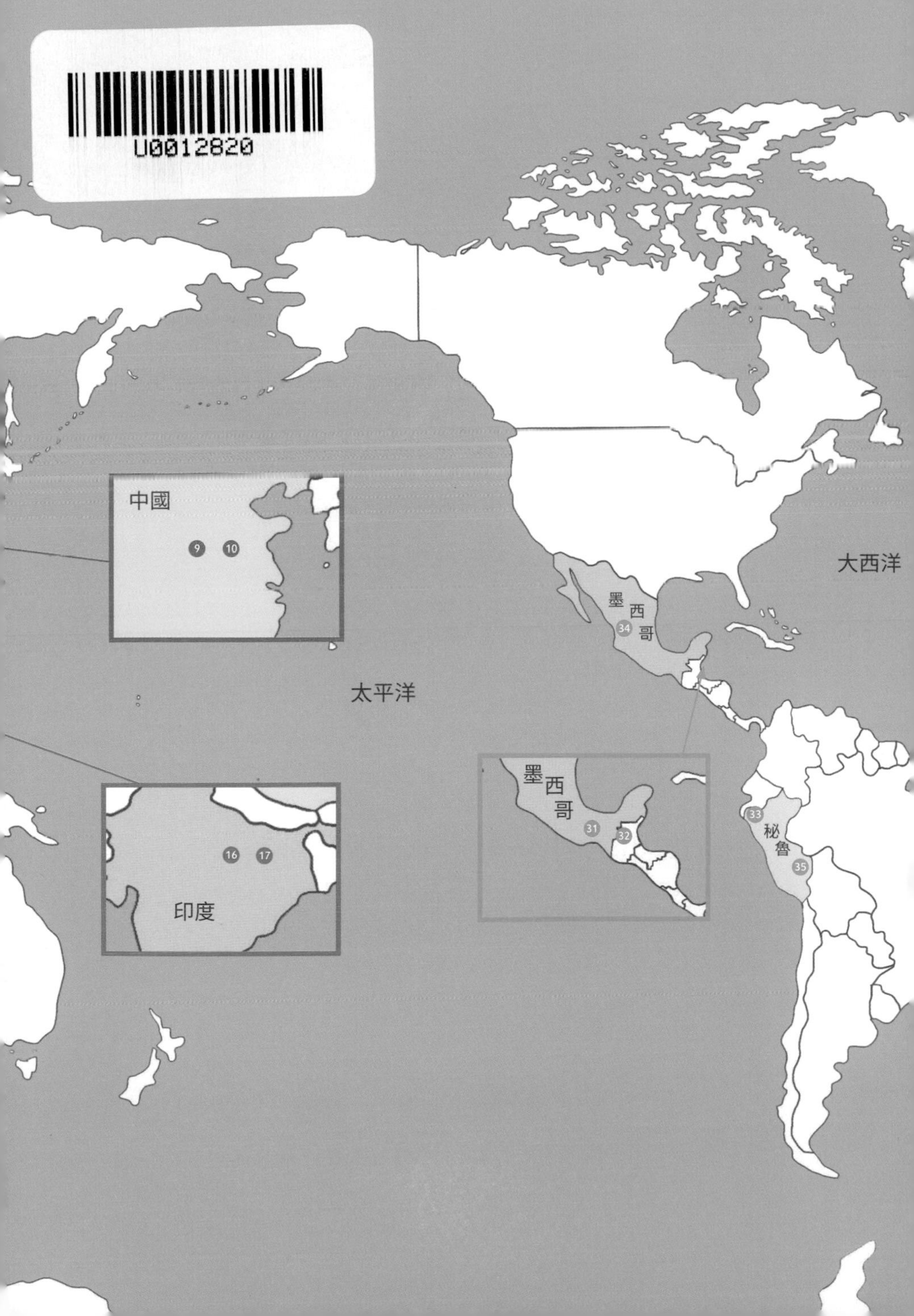

第二部　古中國文明

第三部　古印度文明

目錄

大西洋
印度洋
英國
法國
義大利
西班牙
葡萄牙
希臘
以色列
埃及
伊拉克
伊朗
阿富汗
中國
印度
臺灣
伊拉克
5
6
義大利
27
28
29
30
希臘
23
24
25
26
伊拉克
1
2
3
4
埃及
18
19
20
21
22
7
8
11
12
13
14
15

第四部　古埃及文明

第五部　古希臘文明

國語日報週刊專欄作家
時空偵探的歷史行腳板主
宋彥陞（阿探）著
yunintsai（蔡豫寧）繪

時空偵探系列 1

世界古文明之旅

來一場有趣的歷史大冒險吧！

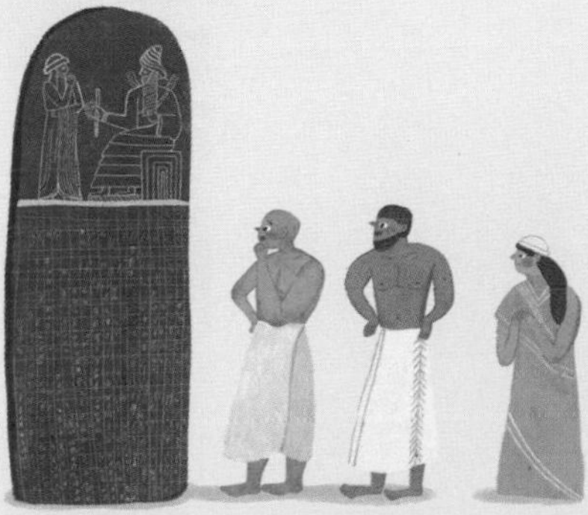

時報出版

序言

打開本書，一同展開穿越時空的歷史冒險！

法國知名印象派畫家保羅．高更，曾以大溪地島的人們為主題，完成《我們從何處來？我們是誰？我們向何處去？》這幅著名油畫，充分體現人類對於過去、現在、未來三個階段的好奇與反思。

我們先不論難以捉摸的未來世界，生活在現代的我們，只要打開電源開關就有電可用；轉開水龍頭便有乾淨的自來水；在家拿起手機就能立刻得知全世界的各種資訊，這都是古代人難以想像的便利生活。

不過，你是否曾經認真想過，我們習以為常的食衣住行，其實並非那麼理所當然？舉例來說，現代社會不可或缺的文字、貨幣、法律等工具，都是經過人類文明數百年，甚至是上千年的演變進化，才逐漸變成現在這個樣貌。

因為對於歷史這門學問的熱愛，我得以進入國立臺灣大學研習歷史知識，接著因緣際會投入歷史普及事業，繼而有幸獲得時報出版邀請，將自身所學化為大家正在閱讀的「時空偵探」系列作品。

之所以將這套書籍命名為「時空偵探」系列，是因為我認為歷史研究者就好像是一位穿越時空的偵探，在浩瀚無垠的史料及文物中，竭盡心思抽絲剝繭，努力探求未被大眾認識留意的歷史真相。

為了幫助讀者輕鬆接觸不熟悉的歷史主題，本系列以深入淺出的文字，將古今中外的歷史知識化繁為簡。也期待大家透過「時空偵探」系列，和我一同展開穿越時空的歷史冒險！

第一部

兩河文明

第1站 蘇美人要如何寫字呢？

你有自己的書房嗎？會在書房裡閱讀哪些書籍呢？無論是家裡的書房或是學校的圖書館，都收藏了許多印刷著文字的書本，讓我們能夠學習各式各樣的有趣知識。

那麼，請觀察一下第九頁的圖片，看看古代蘇美人寫字用

的書寫工具，跟現代的你有哪些不一樣的地方？

兩河流域

現今亞洲西部的伊拉克這個國家，在六千多年前曾是蘇美文明的發源地。

當時，源自土耳其山區的幼發拉底河和底格里斯河，經常給蘇美人的城市造成水災，但卻也帶來肥沃的土壤，讓蘇美人得以利用泥土製作陶器甚至建造房子，進而發展成全世界最古老的文明之一。

泥板書

不同於現代的我們使用紙筆寫字，沒有紙筆可用的蘇美人，以蘆葦桿代替筆，在潮濕的泥土板上壓印文字。

這些泥土板經過太陽曬乾後，蘇美人再將它們收進籃子保存。所以，蘇美人的書房不像我們放著一櫃又一櫃的書本，而是裝著一籃又一籃的泥板書。

楔形文字

蘇美人使用的文字，與填補空隙的楔子形狀相似，所以後來這種文字被稱為「楔形文字」。

原來如此！

紙張的誕生

對於人類文明而言，價格低廉又便於攜帶的紙張，無疑是最偉大的發明之一。

在紙張出現之前，人類雖然試著在泥土、石頭、金屬等物品上書寫，但這些器具卻有各自的缺點。例如：古埃及人使用的莎草紙，既粗糙又容易磨損（參見第21站〈古埃及的紙莎草有什麼功用？〉）；而位於小亞細亞的帕加馬王國生產的羊皮紙，則是造價昂貴且製作費時。

與此相比，兩千年前的古中國人，已經掌握使用破布與苧麻製造輕薄紙張的關鍵技術。接著，再透過僧侶傳教、國際貿易、對外戰爭等事件，這項工藝逐漸傳入其他國家，慢慢成為人類文明不可或缺的重要工具。

第2站 蘇美人如何買賣東西？

你逛過超級市場嗎？喜歡買哪些東西呢？

每當我們付錢結帳時，常會拿到紙張製成的發票，作為我們花了多少錢、買了哪些東西的憑證。不過，生活在數千年前的蘇美人，買賣東西的方式和我們很不一樣。

請觀察第十六頁的圖片，看看蘇美人如何付錢？又是怎麼確認送貨的商人有沒有送錯數量呢？

蘇美人買什麼？

蘇美人居住的兩河流域因為土壤非常肥沃，加上各城邦積極建設灌溉工程，使得農民經常有多餘的穀物和蔬菜可以拿到市場進行交易。

此外，他們還會飼養羊、驢、牛等動物，並將羊毛、乳酪、牛油視為重要的商品。

由於蘇美人尚未發明鑄造錢幣的技術，他們通常採取以物

易物，或是支付銀塊的方式買賣物品。

黏土收據

蘇美商人如果需要把貨物送到客人家裡，就會用黏土製作與商品數量相同的珠子，再將這些珠子裝進黏土製成的大球。如此一來，客人只要打破黏土大球，計算裡面裝了幾顆珠子，就能知道店家有沒有送錯數量了。

後來，一些商人覺得黏土球不方便攜帶，改在小塊泥板上寫下商品的數量。這類泥板收據的尺寸，有些甚至比現代大人使用的信用卡還要小。

圓筒印章

蘇美人簽訂契約時，喜歡用圓筒狀的印章壓印圖案，代替簽名。這些圓筒印章兼具護身符的功能，常被蘇美人繫上繩子隨身佩帶。

原來如此！

錢幣的出現

雖然兩河流域很早就使用白銀當作貨幣，但當時還沒有鑄造錢幣的觀念，而是將白銀打造成大小不一的銀塊。

為了確認銀塊的價值，每次付款都必須測量重量，加上銀塊內部經常參雜了其他金屬，容易引起買賣雙方的糾紛。

距今兩千五百年前，位於小亞細亞的利底亞王國，率先鑄造不含雜質的金幣與銀幣。這種重量一致的錢幣，比起金塊與銀塊更容易使用，很快就被其他國家接受。

同一時期的中國則利用青銅打造鏟形和刀形錢幣，日後進一步發展出以銅、鐵，甚至紙張製成的各式貨幣。

第3站 蘇美人小朋友上學去！

你現在就讀幾年級？最喜歡學校哪些課程呢？

現在的臺灣小朋友除了週六、週日和國定假日不用上學，每週有五天要到學校學習各種知識。不過，生活在幾千年前的蘇美人，並不是每個小朋友都有機會到學校讀書。

請觀察第二十五頁的圖片，看看蘇美小朋友上課學些什麼？跟你有哪些相同或不同的地方？

誰能上學？

數千年前，蘇美文明因為能夠生產充足的糧食，不但出現擁有數萬居民的城市國家，還逐漸形成具有上下之分的貴族、平民、奴隸等社會階層。

一般來說，只有年滿五歲的貴族小孩有機會上學讀書。等到長大成人，就會從學校畢業，正式成為統治階級的一分子。

日課表

蘇美貴族的小孩進入學校就讀後，每個月要上學二十四天，主要學習寫字、算數、音樂等課程。

一開始，學生先練習認識基礎的單字，接著學習抄寫詩歌和撰寫公文的技能，以便日後有能力處理行政事務與商業契約。

數學能力

由於測量土地、分配糧食、興建工程等工作都需要利用數學，蘇美人發明以六十為單位的六十進位法。直到今天，我們計算時間和角度時，仍然使用這套記數方法。

原來如此！

臺灣實施義務教育

不同於蘇美文明只有貴族小孩可以入學讀書，現代的臺灣小朋友只要年齡在六歲到十五歲之間，就要依照規定就讀六年的國民小學和三年的國民中學。

這段合計九年的課程，被政府視為國民必須接受的最低限度教育，因此稱為「義務教育」。

回顧臺灣實施義務教育的歷史，可以追溯到日本統治晚期。一九四三年，日本官員為了把臺灣人塑造成國家需要的勞動力，宣布六歲到十二歲的兒童都要接受為期六年的義務教育。

到了一九六八年，我國的義務教育從六年延長為九年，強制要求六歲到十五歲的國民接受國小和國中教育。至於不屬於義務教育的高中（二〇一九進入十二年「國民教育時代」，延長基本教育年限，但仍依學生性向、興趣、意願入學。）、大學與研究所，則可依照自身意願決定是否就讀。

第4站 蘇美人的食物是什麼？

你喜歡吃米飯還是麵食？你會挑食嗎？最常喝哪些飲料？現代的我們除了每天享用早、中、晚三餐之外，偶爾還會吃餅乾、洋芋片、巧克力等零食解嘴饞。不過，生活在數千年前的蘇美人，平常吃喝的食物和我們很不一樣。

請觀察第二十九頁的圖片，看看蘇美人都吃哪些食物？跟你有哪些相同或不同的地方？

食物來源

擁有肥沃農田的蘇美農夫，通常種植大麥、小米、燕麥作為主要的糧食來源。

此外，蘇美人不但栽種碗豆、洋蔥、大蒜、蘿蔔、葡萄等蔬果，還會飼養牛、羊、豬和許多家禽，藉此取得肉、奶、蛋等食物。

主要食品

不同於我們習慣以米飯或麵食當作正餐，蘇美人以麵包作為主食，並會加上奶油、蜂蜜、水果、乳酪，讓麵包變得更加好吃。

與蔬菜和水果相比，肉類則是相對昂貴，所以如果蘇美人如果想吃更多肉，常會跑到河邊抓魚增添菜色。

飲料

蘇美人最常喝的飲料，是以大麥釀造而成的啤酒。另外，他們也懂得飼養牛隻來擠牛奶，或是把水果榨成好喝的果汁。

原來如此！

重現上古風味啤酒

二〇一九年，以色列文物局和幾間大學組成的研究團隊，宣布他們在五千年前的陶器破片中取得當時的酵母菌，並且搭配現代技術，成功重現上古時代的啤酒。

這些陶器破片來自地中海東岸，原本是儲存啤酒和葡萄酒的容器。對於當時的人們來說，由於水源經常受到汙染，經由發酵處理過的啤酒與葡萄酒，是更為安全的常見飲料。

那時的人們非但懂得混合穀物、水、酵母菌等原料釀造啤酒，還會加入果汁增添風味，使得這些飲料大受男女老少歡迎。

第5站 亞述人如何建造王宮？

你看過臺灣的總統府嗎？是否知道這棟建築位在哪座城市？目前，臺灣的總統府已經坐落臺北超過七十年以上的時間。相較之下，生活在四千年前的亞述人，則是經常把首都遷到新建造的城市。

請觀察第三十七頁的圖片，看看亞述人用什麼材料建造宮殿？又有哪些令人印象深刻的建築特色？

打造新王宮

大約四千五百年前，今天的中東國家伊拉克北部，曾經是亞述文明的發源地。

當時，亞述國王為了歌頌國家的強盛，時常在新建的都市修築壯麗的王宮。他們不但以各地的石頭當作建材，還利用河水運送大量木材，使得亞述國王的宮殿比起傳統的泥磚房屋更加雄偉華麗。

用浮雕說故事

對亞述國王來說，王宮不只是日常居住的房子，也用來當作接見大臣和外國使者的辦公室。

因此，亞述人喜歡在宮殿牆壁上，雕刻作戰勝利或是打敗動物的彩色浮雕，藉此凸顯自己的強大與勇敢。

保護神：拉瑪蘇

亞述人的王宮大門，經常建造擁有人臉、牛身加上翅膀的怪物「拉瑪蘇」的石像，作為建築物的保護神。

原來如此！

舉世無雙的尼尼微

在亞述人興建的眾多首都當中，國王辛那赫里布打造的尼尼微，被世人評價為舉世無雙的雄偉城市。

自古以來，位於底格里斯河的尼尼微，便是擁有許多人民定居的熱鬧聚落。到了兩千七百年前，辛那赫里布因為父親戰死沙場，便將父親的死亡視為不祥的徵兆。日後，他決定放棄父親建設的首都，轉而在尼尼微建築新的王宮。

為了建造前無古人的偉大都城，辛那赫里布花費大量金錢，營建巨大而華美的宮殿建築，還從各地運來珍奇的動物與植物，致力讓尼尼微變成具備行政與休憩功能的宏偉城市。

第6站 亞述人如何打仗攻城？

你有正在當兵的家人嗎？是否知道臺灣的軍隊，是由哪些軍種構成呢？

目前，臺灣國軍可以概略分成陸軍、海軍、空軍三大軍種。與我們相比，住在數千年前的亞述人，則是依靠訓練有素

的陸軍四處征戰。

請觀察第四十一頁的圖片，看看亞述軍隊所向披靡的祕密是什麼？

常備軍隊

數千年前，亞述人不像其他國家遇到戰事才臨時招募士兵，因此率先組建了訓練有素的常備軍隊。

此外，亞述人還依照戰鬥需求，將陸軍分為步兵、騎兵、戰車兵、工兵等類別。這樣的安排大幅提升了軍隊的作戰能力，促使亞述人順利征服許多國家，進而建立領土遼闊的強大帝國。

攻城武器

亞述人除了具備勇猛強悍的常備軍，還擅長製造破壞城池的攻城武器。

當時的城堡大多使用泥磚或石頭砌成，亞述人會在木製推車上安裝木樁，用來衝撞敵國的城門或城牆，並在推車外部加裝木板保護攻城士兵，使得各國城池難以抵擋亞述人的攻擊。

輸家的命運

對於新占領的土地，亞述人不只要求戰敗者進獻貢品，更經常強迫當地居民搬遷到其他地區。

原來如此！

古羅馬的無敵軍團

來自義大利半島的古羅馬人，曾經一度統治歐洲大半、非洲北部、亞洲西部等廣大國土。古羅馬人如此強大的祕密，關鍵在於他們有善戰而靈活的無敵軍團。

根據傳統，古羅馬的男性公民有服兵役的義務。起初，他們學習古希臘人的戰法，以裝備重型鎧甲和武器的步兵排成方陣作戰，卻逐漸發現這種陣形缺乏機動性，因而將軍隊改編成以百人隊為基礎的軍團。

一般而言，古羅馬軍團會依照士兵的熟練程度，將部隊分為青年兵、壯年兵、老兵三列，依序投入戰鬥。

這些士兵會配備標槍、短劍、盾牌等兵器，並且視戰況搭配弓兵、騎兵、海軍等軍種奮勇作戰。

第7站 巴比倫頒布歷史上第一部法典！

自古以來，各國政府為了維持社會秩序，時常制定諸多法律要求大家一同遵守。

距今三千七百年前，巴比倫國王漢摩拉比向全國頒布法律文書《漢摩拉比法典》。這部法典反映了巴比倫人的社會概況，可以說是認識這個古文明的寶貴資料。

請觀察第四十八頁的圖片，看看巴比倫人認為哪些權益值得立法保護？跟我們有哪些相同或不同的地方？

守法精神

巴比倫文明發源於今天的中東國家伊拉克境內，時間比起蘇美、亞述等文明要晚上許多。

從蘇美文明開始，兩河流域就相當重視法律的約束力。根據蘇美人留下的泥板契約，即使是貴族也不能隨意奪取人民的土地，必須支付物品予以交換。

漢摩拉比法典

到了巴比倫時代，國王漢摩拉比努力整理當時的法律案例，最後完成《漢摩拉比法典》。這部法典包含土地租賃、財產繼承、人身傷害、奴隸管理等內容，都是巴比倫人經常遇到的法律問題。

為了讓人民認識這些法律，巴比倫官員使用楔形文字，將法條刻在許多玄武岩石柱上，並將石柱豎立於全國各個主要城市。

以牙還牙

《漢摩拉比法典》主張犯罪者如果讓別人遭遇某種損失，自己就要獲得相同的懲罰。這種立法原則被世人稱為「以牙還牙，以眼還眼」。

原來如此！

刻在石柱上的敕令

與漢摩拉比相似，兩千兩百多年前統治古印度的阿育王，曾經把希望人民重視生命、尊敬父母和老師、寬容所有宗教等命令刻在石柱上，並在大城市及主要道路設置這些柱子。

起初，阿育王本來是個愛好戰爭的殘暴國王，後來因為接受佛教信仰，轉而施行愛護人民的仁慈政策。

為了方便大家理解敕令的內容，這些命令不但使用好幾種語言撰寫，還有人替不識字的民眾朗讀解釋。

如今，這些石柱的獅子與法輪裝飾（參見第16站〈古印度佛教藝術有什麼特色？〉），分別成為印度貨幣與國旗的圖案，由此可見阿育王帶來的深遠影響。

第8站

古波斯人如何建立帝國？

你聽過馬拉松這項運動嗎？是否知道這種長距離賽跑，源自古波斯人進攻古希臘的一場戰爭呢？

西元前六世紀，古波斯人先後打敗利底亞、巴比倫、古埃及等王國，形成一個橫跨亞洲、歐洲、非洲的強大帝國。這個廣大遼闊的國家，一面將各地權力集中於中央政府手中，一面實施開明寬容的統治方式，具有豐富多元的文化內涵。

請觀察第五十六頁的圖片，看看古波斯人如何治理民族混雜的遼闊帝國？

波斯波利斯

距今兩千五百多年前，現在的中東國家伊朗，曾是波斯文明的源頭。

當時，以游牧為生的古波斯人，在幾位勇猛善戰的國王領導下，接連征服鄰近諸多王國，進而建立東起印度河、西至埃及的超強帝國。

與亞述人相似，古波斯人陸續打造好幾座首都。其中，位於帝國中央的波斯波利斯，擁有可以容納一萬人的華麗宮殿，是波斯國王接見官員和使者的重要都城。

波斯御道

波斯國王將全國分成數十個省，每個省指派總督統治管理，再由中央派遣官員監督這些總督。

為了治理龐大的帝國，古波斯人除了統一度量衡，還整建全長超過兩千公里的波斯御道，並在沿途設立密集的驛站。

這套道路系統，使得人員、商品、情報可以迅速到達帝國各處，對穩定政權、發展商業、交流文化有非常重要的貢獻。

寬容政策

古波斯人不會強迫戰敗者接受波斯文明，反而經常吸收其他國家的宗教、習俗、技術，形成兼容並蓄的多元文化。

原來如此！

馬拉松賽跑的起源

自古以來，古希臘城邦曾在小亞細亞建立好幾個據點。隨著波斯帝國持續向亞洲西部擴張，雙方便在小亞細亞爆發戰爭，最後由波斯人取得勝利。

後來，古希臘人支援小亞細亞民眾反抗波斯統治，促使波斯國王決定跨海攻打古希臘城邦。

西元前四九〇年，兩萬名波斯軍隊與一萬名希臘聯軍，在雅典東北方的「馬拉松平原」發生戰鬥。由於戰術運用得當，人數較少的希臘聯軍居然成功打敗強大的波斯帝國。

為了儘速將捷報傳回國內，雅典的傳令兵據說一口氣跑了四十公里，最後力竭身亡。日後，世人為了紀念這則故事，便創辦了全長四十二公里的馬拉松賽跑。

第二部

古中國文明

第9站 古中國人如何求神問卜？

你到寺廟拜拜時會向神明提出問題，希望祂們給你答案嗎？距今三千多年前，古中國貴族若是對某些事情感到迷惘，會請巫師燒灼龜甲和獸骨進行占卜。這些占卜留下的紀錄，可以說是我們認識上古中國的珍貴資料。

請觀察第六十七頁的圖片，看看古中國人怎麼請示神明？與我們有哪些相同或不同的地方？

神明的訊息

今天的亞洲國家中國，在三千多年前曾經是中華文明的發源地。當時，孕育中華文明的黃河下游由商朝統治管理。對於信仰虔誠的商朝國王來說，倘若有讓人煩心的事物，便會指派巫師詢問神明的意見。

不同於我們常以擲筊杯或抽籤詩等方式求取答案，商朝巫師以加熱的金屬棒燒灼龜甲和獸骨，再觀察甲骨裂痕的紋路判斷吉凶。

甲骨上的文字

為了讓神明得知國王的疑問，巫師會在甲骨上刻下占卜的日期和自己的名字，接著描述詢問的內容。等到甲骨燒出裂痕，巫師再寫下這些紋路代表的涵義，並在事後記錄神明的指示是否靈驗。

漢字的祖先

商朝刻在甲骨上的文字多達數千個。這些模仿物體形狀的象形文字，後來逐漸發展成我們今天使用的漢字。

原來如此！

臺灣的擲筊習俗

當我們到寺廟燒香拜佛，經常看到虔誠的信徒透過擲筊杯或抽籤詩的方式，請求神明解答心中的疑惑。

一般來說，我們使用的筊杯以竹子或木片做成蚌殼形狀，分別以平面和凸面作為正反兩面。

向神明請示事情時，詢問者會將一對筊杯拋向地面。

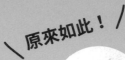

倘若筊杯出現一正一反，表示事情會有好結果；若是兩只筊杯都是正面朝上，象徵神明沒有回答，必須重新再擲；相反地，如果筊杯皆是反面朝上，代表所問的事情會有不好的發展。

第10站 古中國人如何鑄造青銅器？

你看過青銅製成的器物嗎？是否知道它如何鑄成呢？

距今三千多年前，古中國人利用純銅混合其他金屬，成功製作出各種形狀的青銅器。這些器皿不僅反映了上古中國的工藝技術，也讓我們得以推測當時人們的生活樣貌。

請觀察第七十三頁的圖片，看看青銅器如何影響古中國人的日常生活？

製作過程

三千六百年前，位於黃河下游的中華文明，已經知道如果在純銅中加入錫和鉛等金屬，可以達到熔點下降、硬度增加的效果，因而掌握製作青銅器的訣竅。

想要鑄造青銅器，工匠必須提煉含有銅、錫等金屬的礦石，並把高溫加熱熔化的金屬液倒進各式各樣的模子。等到金屬液冷卻凝固，再拆開模子取出做好的成品。

青銅器具

鐵器廣泛使用前，擁有青銅鑄造技術的古中國人，將銅錫合金製成堅固耐用的食器、樂器、武器、禮器等青銅器具。

由於青銅器非常昂貴，不但是實用的生活工具，也是宣示身分地位的財富象徵。

器皿上的文字

古中國人會在青銅器上刻字記載當時發生的事情，這些紀錄日後便成為我們研究上古中國的寶貴資料。

原來如此！

神祕的三星堆文化

雖然中華文明主要源自黃河下游的中原地區，中國各地還有許多不同的古老文化。其中，位於四川盆地的三星堆文化，至今仍然充滿了神祕感。

一九八〇年代，中國考古團隊在四川省的三星堆鎮，展開大規模的挖掘工作，先後找到大量的石器、陶器、玉器、青銅器等珍貴文物。

即便三星堆製作的青銅器，與中原使用類似的鑄造技術，前者打造的青銅人像不但擁有巨大的耳朵和嘴巴，眼睛更呈現倒三角眼或是圓柱凸眼，堪稱外星人一般的奇特外觀。

此外，專家發現當地不少青銅器曾被人為破壞後才埋入土中，推測這些造型獨特的青銅器具，可能是具有宗教功能的祭祀物品。

第11站 古中國最知名的「圍牆」！

你讀的學校有圍牆嗎？是否看過中國最著名的圍牆「萬里長城」呢？

距今兩千六百年前，當時的中國由許多小國共同組成。這些國家常在邊界建築城牆防禦敵人，等到秦始皇統一天下後，便將這些城牆連接擴建，進而形成萬里長城的雛形。

請觀察第七十九頁的圖片，看看萬里長城對古中國人來說，具有什麼樣的功能與意義？

長城的誕生

在兩千多年前的戰國時代，中國處於諸多小國互相爭戰的動盪時期。那時，各國為了防範敵國攻擊，紛紛在國境修築堅固的城牆作為防禦工事。

後來，強大的秦國兼併中原地區其他國家，繼而和北方的游牧民族匈奴爆發戰爭。眼見如此，統治者秦始皇遂下令擴大修建邊境的城牆，以此防範匈奴的侵擾。

由於這道城牆綿延無盡頭，因此被世人稱為「萬里長城」。

建造方法

要打造延續不斷的長城，需要大量人力與材料。除了命令軍隊投入築牆工作，政府還會徵調人民與犯人幫忙修築。另一方面，築牆的原料通常會就地取材。舉例來說，靠近山脈的地區會開鑿巨石當作建材，而平原地帶則取用黃土加以夯實。

文明的分界

對古中國人來說，長城不只是國家之間的界線，也是農耕與游牧的文明分界。

原來如此！

古羅馬的哈德良長城

就在秦朝修建長城的三百年後，統治廣大國土的古羅馬帝國，也開始在北側邊境修築長城。

一世紀中葉，古羅馬人雖然跨海占領現在的英國南部，卻與北方的凱爾特人爆發戰爭，進而在邊界建造許多堡壘作為軍事據點。

到了一二二年，古羅馬皇帝哈德良眼見無法征服凱爾特人，決定建築城牆將這些堡壘連接起來，形成長達一百公里的大型防禦工事。

這條高度和寬度大約五公尺的圍牆，被人們稱為「哈德良長城」。如同中國的萬里長城，哈德良長城不但能夠有效阻止敵人的攻擊，同時反映了古羅馬人先進的工程技術（參見第27站〈古羅馬知名公共建設長什麼樣子？〉）。

第12站 古中國人為什麼要造兵馬俑？

你玩過黏土嗎？用黏土捏過哪些作品呢？

距今兩千兩百年前，中國第一位皇帝秦始皇，在自己的陵墓不遠處放置了數千個士兵和戰馬的陶俑。這些兵馬俑不但反映了當時的戰爭型態，同時可以讓我們認識秦朝的工藝技術。

請觀察第八十五頁的圖片，看看秦朝剛做好的兵馬俑，跟我們今天看到的實物有哪些不同的地方？

神祕的軍團

起初，古中國貴族去世時，經常要求活著的奴隸一起陪葬。後來，人們覺得以活人殉葬太過殘忍，因而改用木頭或泥土製成的人俑作為陪葬品。

等到秦始皇統一天下，他便命令工匠參考秦朝軍隊的樣貌，製作數千個駕駛馬車、手拿兵器、牽著戰馬的威嚴陶俑。

這些兵馬俑放在秦始皇的陵墓附近，彷彿一支守衛皇陵的地下軍團。

組合陶俑

要打造龐大的陶俑軍團，並非一件簡單的事情。為了提高製作效率，工匠以皇陵周邊的黃土當作原料，分別塑造陶俑的腿部、軀幹、手部、頭頸等部分。

接著，工匠將陶俑的各個部位加以組合，用攝氏一千度的爐火燒製，最後進行細部修飾與上色，才算正式完工。

消失的色彩

兵馬俑原本擁有鮮豔的色彩，卻因為後人挖掘出土時接觸空氣，造成顏色迅速剝落，現在幾乎只剩下陶土的顏色。

「始作俑者」的由來

相信大家可能聽過「始作俑者」這個辭彙，原本是指第一個製作陪葬人俑的人，後來引申為帶頭做壞榜樣的人。

關於這個成語的由來，典故出自《孟子》這部古書。

根據《孟子》的說法，教育家孔子認為最先製作人俑殉葬的人，一定會遭受斷絕子嗣的報應。

孔子之所以如此嚴肅地看待用人俑陪葬這件事，原因在於他生長的齊魯地區，長期流行以活人陪同死者下葬的風俗。

即便後來出現製作人俑殉葬的現象，孔子仍然認為這種心態，跟用活人陪葬沒有太大的區別；況且齊魯地區並沒有因為製造殉葬人俑，從此放棄用活人陪葬，所以被孔子嚴厲批評。

第13站 古中國人的西域探索之旅！

你喜歡出國旅遊嗎？去過哪些國家呢？

距今兩千一百年前，漢朝統治者為了對抗北方的游牧民族匈奴，時常派遣使者前往西域尋找願意合作的國家，進而開闢中國通往歐洲和非洲的交通路線。

請觀察第九十頁的圖片，看看中國和西域各國的接觸互動，對彼此帶來哪些影響？

走出國門

自建國初期，漢朝便與北方的匈奴人頻繁發生衝突，卻因為戰力不如對方，不得不透過締結婚姻或是贈送財物的方式換取和平。

後來，一心雪恥的漢朝皇帝陸續指派官員前去西域，聯合各國共同抵禦匈奴，並在當地設置官署、開墾田地，試圖在西域發揮強大的影響力。

絲綢之路

想從漢朝首都前往西域，旅行者不但要穿越諸多山川沙漠，還得面臨迷路的風險和強盜的威脅。即便如此，基於跨國貿易可以帶來龐大財富，許多商人仍然勇敢踏上漫長的旅程。

透過漢朝開拓的交通路線，西域的石榴、葡萄、黃瓜等食物紛紛傳入中國；另一方面，中國生產的絲綢也成為外國商人爭相收購的熱門商品，因而讓這條交通路網稱為「絲綢之路」。

文化動脈

除了物質的交換之外，宗教、藝術、技術也透過絲路廣泛流傳，可以說是溝通東西文明的文化動脈。

原來如此！

價值連城的絲綢

眾所皆知，絲綢的原料來自蠶繭的絲。早在新石器時代，古中國人便懂得使用桑葉養蠶，並在蠶吐絲結繭之後，將蠶繭泡於熱水中取得蠶絲，接著按照需求，織成絲織品。

因為絲綢具有輕便柔軟、保暖堅韌等特性，因此大受其他國家歡迎。另一方面，古中國人將生產絲綢的方法視為商業機密，嚴禁對外流傳，導致絲綢的外銷價格長年居高不下。

十九世紀末，德國地理學家費迪南·馮·李希霍芬將連結古代亞洲和歐洲的主要陸路命名為「絲綢之路」，由此可見這項來自中國的昂貴商品，如何對當時的歐亞交流造成深遠的影響。

第三部

古印度文明

第14站

古印度城市如何建設的？

你知道嗎？所謂的「都市計畫」，是指針對都市土地進行合理的規劃。

距今四千五百年前，古印度人已經發展出數萬人定居的大型城市。這些都市經過妥善的規劃，不但有整齊的街道，還興建了完善的排水系統，堪稱當時最先進的城市文明。

請觀察第一〇一頁的圖片，看看古印度人的城市規劃，與我們有哪些相同或不同的地方？

大型都市出現

四千五百年前，印度西北方的印度河流域因為土壤特別肥沃，成為盛產小麥、大麥、棉花等作物的富庶地區。

除了從事農業之外，古印度人還會畜養動物、製作手工藝品，甚至和遠方的兩河文明做生意（參見第2站〈蘇美人如何買賣東西？〉）。隨著財富不斷累積，印度河沿岸的人口越來越多，進而變成擁有數萬居民的大型城市。

建造公共設施

透過統治者的規劃，這些城市的街區呈現整齊的長方形，建築物也使用大小相近的磚頭，並修建通風管道和排水系統。

另外，古印度人會建造類似大浴池的公共建設，很可能在此進行齋戒沐浴的宗教儀式。

城市的衰亡

由於氣候變遷、洪水氾濫等問題，印度河流域的居民後來移居外地，導致這些大城市逐漸沒落傾頹。

原來如此！

改變巴黎的偉大工程

歐洲國家法國的首都巴黎，是個擁有許多廣場、林蔭大道、漂亮建築的迷人城市。

事實上，巴黎曾經長年面臨街道狹窄、建築擁擠、環境髒亂等問題。到了十九世紀中葉，法國皇帝拿破崙三世為了徹底改善首都的生活空間，決定重用地方首長喬治-

歐仁．奧斯曼，全權主持巴黎的都市更新工程。

在奧斯曼大刀闊斧的改造下，許多老舊城區被拆毀，轉而建造寬闊街道和綠地廣場，致力打造美麗城市景觀。

與此同時，奧斯曼還積極建設上、下水道，大幅提升巴黎的公共衛生。從此，巴黎正式蛻變為先進城市，進而變成其他國家學習效法的榜樣。

第15站 古印度種姓制度是什麼樣的制度？

你知道我們的國家包含哪些族群嗎？他們是否都受到平等的對待？

大約三千五百年前，發源於亞洲邊境的雅利安人，不但征服了印度西北部的原住民，還依據每個人的種族和職業，將全國人民分成四個不同的種姓。

請觀察第一〇七頁的圖片，看看種姓制度如何影響古印度人的日常生活？

雅利安人入侵

今天的亞洲國家印度，曾是古印度文明的發源地。

根據古書記載，在大約三千五百年前，原本住在亞洲西部高加索地區的雅利安人，開始遷居印度的西北部，並和當地原住民發生激烈衝突。最後，皮膚白皙的雅利安人征服了膚色黝黑的原住民，並且進一步奠定古印度的宗教信仰與社會制度。

種姓制度誕生

為了區別自己跟原住民有所不同，雅利安人按照種族和職業，將人們分成稱為「種姓」的四種階級。

按照規定，雅利安人擔任的祭司、戰士、勞動者，依序屬於婆羅門、剎帝利、吠舍三個種姓；至於被征服的原住民，則歸類為地位最低的首陀羅。一般來說，上、下層種姓禁止相互接觸，只有相同的種姓才能彼此結婚生子。

佛教提倡平等

佛教創始人釋迦牟尼雖然出身剎帝利種姓，但他創立的佛教卻反對種姓制度，因而廣受民眾熱烈歡迎。

原來如此！

元朝的族群分類

古中國多數朝代都以漢民族作為統治者，而建國於一二七一年的元朝，則是由蒙古族建立的王朝。

對於元朝皇帝來說，想要妥善治理包含蒙古族、女真族、契丹族、漢族等眾多族群在內的遼闊帝國，最不容易引起混亂的作法，就是要求各民族按照原本的習俗生活。

因此，元朝嘗試根據語言、姓氏等文化特徵，將境內的族群予以分類，並且賦予每個族群不同的權利與義務。

話雖如此，由於蒙古族在當官、考試、法律等層面享有優勢，造成其他族群的人民屢次冒充蒙古人；另外，民族之間的互動交流，使得彼此的文化界線逐漸模糊，導致元朝政府時常無法清楚辨別官民的族群身分。

第16站 古印度佛教藝術有什麼特色？

你會去寺廟拜拜嗎？有沒有仔細看過神像的造型呢？

距今兩千多年前，信仰佛教的古印度人為了讓信徒更容易親近神明，不但製作擁有近似人類外表的神像，還受到希臘文化東傳的影響，讓這些佛像具有希臘風格的長相和服裝。

請觀察第一一三頁的圖片，看看古印度人的佛教藝術，與我們現在常見的佛像有哪些相同或不同的地方？

佛教興起

根據傳說，佛教創始人釋迦牟尼看到世間充滿衰老、生病、死亡等煩惱，決定出家找尋生命的真理，並在領悟之後，向群眾宣揚自己的教義。

因為佛教主張眾生平等，反對區分貴賤高低，不只受到民眾熱烈歡迎，更在統治者的支持下，於印度全境迅速流行。

希臘文化東傳

起初，古印度人相信製作神像會冒犯神明的崇高地位，因此常用佛足印、法輪、菩提樹等物品代替神像來崇拜。

到了兩千多年前，佛教開始認同神像能讓信徒更親近神明，加上受到希臘文化向東傳播的影響，使得古印度人製作的佛像，經常擁有希臘人的外型與服裝。

犍陀羅藝術

印度西北方的犍陀羅地區，因為擅長使用希臘式風格製作佛教塑像，使得這種技法被稱為「犍陀羅藝術」。

原來如此！

消失的巴米揚大佛

今天的亞洲國家阿富汗，人民大多信仰伊斯蘭教。不過，在伊斯蘭教傳入當地之前，阿富汗因為鄰近印度，一度深受佛教文化的影響。

位於阿富汗中部的巴米揚這座城市，由於保存許多精美絕倫的佛教藝術品，因而被聯合國教育、科學及文化組織指定為「世界遺產」。

其中，這裡以開鑿山崖雕刻而成的兩座大佛最為知名。這兩座巨大佛像建造於六世紀，後方還有描繪佛教壁畫的石窟，堪稱犍陀羅藝術的經典作品。

二〇〇一年，統治阿富汗的塔利班政權，以佛教雕像是偶像崇拜、違反伊斯蘭教教義為理由，下令摧毀國內所有佛雕，進而造成擁有千年歷史的巴米揚大佛就此灰飛湮滅。

第17站

古印度人為什麼改信印度教？

你有宗教信仰嗎？是否知道印度雖然是佛教的發源地，但現代印度人大多信奉印度教而不是佛教呢？

大約三千五百年前，來到印度的雅利安人不但接納原住民的宗教，還結合種姓制度發展出婆羅門教。其後，婆羅門教一度因為佛教盛行而衰微，直到統治者大力支持源自婆羅門教的印度教，使得後者逐漸成為印度人的主要信仰。

請觀察第一一八頁的圖片，看看印度教與佛教的教義，有哪些相同或不同的地方？

印度教崛起

四世紀初，位於印度北部的笈多王朝陸續征服周邊鄰國，並且吸收婆羅門教、佛教、耆那教的思想，形成新的宗教「印度教」。

與印度許多宗教相似，印度教主張萬物會不斷經歷輪迴，

並以擺脫一切煩惱作為最終目標。不過，印度教固然推崇修行，卻也鼓勵信徒追求財富和愛情，具有兼容並蓄的特性。

在笈多王朝的推廣下，印度教的理論和制度日益成熟，進而在民間產生巨大影響。

主要神祇

印度教的神祇非常多，最重要的神明分別是梵天、毗濕奴、濕婆三位。

根據印度教教義，梵天誕生於毗濕奴肚臍上的蓮花，創造了包含宇宙和人類在內的世間萬物。至於毗濕奴，則是所有生物的保護神，經常下降凡間拯救世人。

另一方面，濕婆既是令人畏懼的破壞之神，亦是生殖能力的象徵，因而與毗濕奴並列為最受歡迎的神祇。

宗教寬容

笈多王朝並未強迫人民改信印度教，反而對其他宗教抱持尊重與寬容的開放態度。

原來如此！

佛教的流傳與演變

今日，印度佛教徒的人數不到總人口的一%。即便如此，佛教仍然是亞洲許多國家的主要宗教。

說到佛教廣為流傳的契機，源自古印度的孔雀王朝。

當時，孔雀王朝統治者經常派遣使者前往鄰國宣揚佛教。

其後，信奉佛教的印度商人，也會將佛教神像和經典帶到其他國家。

到了一世紀，絲路沿線已經出現不少佛教寺院，而中國不但接納佛教僧侶傳教，更將佛經翻譯成中文、發展出新的宗派，進一步傳往鄰近的朝鮮、日本、西藏等地。

同時，佛教的另一支宗派透過海路傳到斯里蘭卡與東南亞，至今仍然具有極其重要的地位。

第四部

古埃及文明

第18站 古埃及人如何蓋金字塔？

你有隨著家人返鄉掃墓的經驗嗎？有沒有仔細看過祖先的墓園長什麼模樣呢？

距今四千六百年前，古埃及建築師印和闐設計金字塔建築作為法老的陵墓，進而影響後世法老修建金字塔當作死後的墳墓。

請觀察第一二九頁的圖片，看看古埃及法老的陵墓，跟華人世界的祖先墓園有哪些相同或不同的地方？

馬斯塔巴

今天的非洲國家埃及，曾是古埃及文明的所在地。

由於古埃及人的墓地大多位於沙漠地區，為了避免墳墓遭到沙塵暴或動物破壞，古埃及法老和貴族經常使用泥磚和石頭，興建名為「馬斯塔巴」的平頂墓室建築。

三角錐金字塔

大約四千六百年前，古埃及建築師印和闐為了替法老設計雄偉的陵墓，便將六座馬斯塔巴層層相疊，並且隨著高度不同逐漸縮小建築體積，最後完成擁有六層台階的「階梯金字塔」。

後來，古埃及人開始在階梯金字塔的表層覆蓋石磚，使得建築表面更為整齊，繼而演變成我們熟悉的三角錐金字塔。

誰蓋金字塔？

興建金字塔需要大量的勞動力。這些人力主要來自數千名專業的建築工人，以及農閒期間想賺零用錢的諸多農民。

原來如此！

修建金字塔之謎

相信大家都知道，金字塔可以說是古埃及文明最具代表性的建築物，甚至名列「古代世界七大奇蹟」之一。

關於這些雄偉建築是怎麼建成的，一直以來存在不少假設和理論。例如：古希臘歷史學家希羅多德認為，古埃及人使用類似起重機的機械吊起沉重的石塊，需要動員數

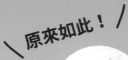

萬名工人、花費數年時間，才能完成一座金字塔。

而另一位古希臘歷史學家狄奧多羅斯則表示，古埃及人利用建造斜坡的方式，掌握了將石塊搬到金字塔上方的關鍵技術。

根據近年的考古調查，研究者發現古埃及人懂得利用斜坡和滑輪搬運巨石，間接證實了狄奧多羅斯的斜坡理論確實有可能做到。

第19站 古埃及人如何做木乃伊？

你看過木乃伊的圖片嗎？對於木乃伊有什麼樣的想法呢？

距今四千多年前，古埃及人相信人類會在來世繼續生活，因而將逝世的親友製成木乃伊，以確保靈魂未來能夠回到自己的身體。

請觀察第一三五頁的圖片，看看古埃及人對於人體的認知，跟我們有哪些相同或不同的地方？

取出器官

古埃及人為了讓遺體得以長期保存，經常委託工匠將逝世的親友製成木乃伊。

這時候，工匠會在遺體側面劃一道開口，拿出腸胃、肺臟、肝臟等器官，並且放進名為「卡諾卜罈」的容器。不過，由於古埃及人不瞭解大腦的重要性，取出之後通常會直接丟棄。

另一方面，古埃及人把心臟視為最主要的器官，故而讓它繼續留在體內。

脫水與包裹

完成清潔工作後，工匠會將亞麻布塞進逝者體內，好讓遺體看起來更為美觀。

接著，工匠會縫合劃開的傷口，將具有脫水效果的泡鹼鋪在遺體身上。等到過了七十天，工匠會替脫水的遺體塗抹油脂，再把護身符放到死者身上，最後用亞麻布將木乃伊包裹起來。

倒楣的工匠

死者家屬通常會作勢對木乃伊工匠投擲石頭，透過這樣的儀式，譴責工匠對於遺體的傷害。

原來如此！

帕拉卡斯的木乃伊

說到木乃伊，我們常會想到古埃及神祕的宗教儀式。事實上，在兩千多年前的秘魯，也曾發展出將死者製成木乃伊的葬禮文化。

當時，生活在秘魯帕拉卡斯半島的富裕階級，不但會將逝者製成木乃伊，還會用繩子將木乃伊固定成坐姿、以繡著精美圖案的紡織品加以包裹，並將裹著木乃伊的布團和各式陪葬品放進大型籃子裡。

接著，帕拉卡斯人用繡有花紋的毛織物層層包裹這個籃子，形成一個蛋形的布篷，再將這個布篷搬到公共墓地加以安葬。

帕拉卡斯人用來包裹木乃伊的紡織品，大多使用羊駝毛做成。至於布團的材質與圖案，則反映了死者生前的社會地位。

第20站 古埃及人為什麼飼養動物？

你家有養寵物嗎？你喜歡哪些動物呢？距今五千年前，古埃及人基於實用目的，飼養了驢子、貓咪、鵝等動物。這些動物經過長期的馴化，逐漸變成人類不可或缺的好夥伴。

請觀察第一三九頁的圖片，看看古埃及人對待動物的方式，與我們有哪些相同或不同的地方？

馴化過程

從游牧生活進入農業社會的古埃及人，為了搬運物品、守衛穀倉、食用肉蛋奶等原因，開始飼養驢、貓、狗、鵝、羊、牛等動物。

在這些動物當中，狗和貓不只是古埃及人的重要助手，也是陪伴他們的親密家人。

當時，古埃及富人會為狗取名字，甚至將貓狗製成木乃伊、替牠們打造精美的棺槨，以表達對於貓狗的重視與寵愛。

外國進貢

除了埃及原有的動物，鄰近國家為了表示友好，時常進貢鴕鳥、狒狒、獵犬、長頸鹿等動物，作為送給法老的禮物。

動物神祇

受到日常所見的動物影響，古埃及人信仰的神祇經常擁有動物的臉孔。舉例來說，人類的保護神芭絲特是貓頭人身，而冥界之神阿努比斯則是具有狗頭人身的形象，都是古埃及人敬畏的神祇。

古印度人與大象

你玩過象棋嗎？是否曾經好奇，為什麼象棋會有作為戰象的「象」這枚棋子呢？

事實上，象棋最早源自古印度的棋類遊戲「恰圖蘭卡」。大約三千年前，古印度人開始訓練大象協助士兵作戰，進而讓戰象變成恰圖蘭卡的重要棋子。

除了具有軍事用途之外，大象也在印度教占有重要的一席之地。根據印度教神話，濕婆與雪山神女的兒子，即是一位擁有大象頭部的神祇（參見第17站「古印度人為什麼改信印度教？」）。

自古以來，印度人相信象頭神不僅充滿智慧，大象圓滾滾的身形更是財富的象徵，因而廣受信徒的歡迎。

第21站

古埃及的紙莎草有什麼功用？

你看過紙莎草這種植物嗎？是否知道它具有什麼用途？

距今三千五百年前，古埃及人已經知道生長於尼羅河岸的紙莎草，不只可以當作食物和燃料，還是製作紙張、船隻、家具乃至藥物的重要原料。

請觀察第一四五頁的圖片，看看紙莎草這種植物，如何影響古埃及人的食衣住行？

莎草紙

古埃及人非但發明出自己的文字系統，更發現尼羅河岸隨處可見的紙莎草，可以說是製造紙張的優良材料。

想要生產莎草紙，工人會到河邊割下大把大把的紙莎草，將纖維切成薄片，再透過敲打或擠壓的方式，將好幾層薄片黏合在一起，最後完成昂貴而脆弱的莎草紙。

紙莎草船

古埃及人懂得以紙莎草纖維製作繩索，再用這種繩索纏在紙莎草莖上，以此編成造型簡單的紙莎草船。

根據古埃及神話，女神伊西斯曾經搭乘紙莎草船，尋找丈夫歐西里斯的遺體，而河中的鱷魚不敢加以攻擊。

由於紙莎草船具有浮力，加上不會因為泡水而快速腐爛，因此成為古埃及常見的交通工具。

居家用品

除了充當紙張和船隻的原料，紙莎草還能製成草蓆、衣服、涼鞋、椅子等日用品，是古埃及人不可或缺的重要植物。

古中國人的竹簡

在紙張問世之前，古中國人曾經長期使用竹子，作為書寫文字的載體。

與紙莎草相似，竹子具有容易取得、價格便宜的特性。因此，三千多年前的古中國人，便將竹子裁切成容易書寫的竹條，再把許多竹條編成一卷一卷的竹簡，而「冊」

這個字便是由竹簡的形狀而來。

直到現在，我們書寫漢字經常由上到下、從右到左書寫，正是受到古中國人用毛筆在竹簡上寫字的影響。

隨著寫字的頻率越來越高，古中國人開始覺得沉重的竹簡不方便使用，因而嘗試其他的書寫載體，進而促成紙張的出現（參見第1站**原來如此**〈紙張的誕生〉）。

第22站 古埃及人如何打扮自己？

你會花時間打扮自己嗎？有沒有特別喜歡的衣服和飾品？距今五千多年前，古埃及人已經懂得藉由改變穿著，讓自己變得更加美麗或帥氣。

請觀察第一五三頁的圖片，看看古埃及人的穿著打扮具有哪些特色？

法老的王冠

身為古埃及的統治者，法老擁有全國最華麗的衣服和首飾，並會透過盛裝打扮，展示自身的統治權威。

舉例來說，法老光是王冠就有好幾種樣式。若是頭戴紅色王冠，表示這位法老是埃及北部之王；相反地，白色王冠則是埃及南部統治者的象徵。

若是同時治理埃及北部和南部，法老會戴上由紅王冠及白王冠組合而成的特殊王冠，藉此宣示他的影響力能夠到達埃及全境。

假髮與化妝

為了在炎熱的氣候保持清潔，古埃及成年人經常將頭髮剃光或剪短。不過，愛漂亮的貴族會戴上以真髮或植物纖維製成的亮麗假髮。此外，古埃及仕女不但會在眼睛周圍畫上眼影，還會在頭上放一塊充滿香味的圓錐形油膏，以確保自己可以吸引眾人的目光。

兒童不穿衣

古埃及的小朋友大多赤身裸體，並會基於衛生因素，剃掉多數頭髮，只留下一條小髮辮。

原來如此！

古美洲人的妝飾

現在，我們除了去學校上學，或是從事某些工作需要穿著制服外，平時可以隨意穿戴自己喜歡的衣服和飾品。

直到數十年前，許多國家的統治者認為，穿著服飾必須符合自己的身分地位，因此試圖規定人民應該如何打扮才合適、得體。

舉例來說，古代美洲的阿茲特克帝國，只有貴族可以穿戴鐲子、綠寶石鑲金的耳環、以羽毛裝飾的頭飾乃至於鞋子。如果有人違反規定，將會遭受嚴厲的處罰。

另一方面，印加帝國的男性貴族則是成年時會在耳朵打洞，並且戴上沉重的耳環，以此凸顯自己的尊貴地位。

第五部

古希臘文明

第23站 古希臘人為什麼舉辦運動會？

你參加過運動會嗎？最喜歡哪些比賽項目呢？

距今兩千七百多年前，熱愛體育活動的古希臘人，在奧林匹亞這座城市舉辦了第一屆奧林匹克運動會。這項歷史悠久的賽事，如今變成國際體育競賽的最高殿堂。

請觀察第一六一頁的圖片，看看古希臘人的運動會，與我們現在的體育競賽有哪些相同或不同的地方？

運動會的誕生

今天的歐洲國家希臘，曾經是古希臘文明的所在地。當時，古希臘由許多城邦共同組成。對於古希臘人來說，舉辦運動會不僅可以替城邦守護神爭取榮耀，也是跟其他城邦一較高下的絕佳舞台。

以每四年舉辦一次的奧林匹克運動會為首，許多城邦都會舉辦大型體育競賽，並且邀請各個城邦的運動員前來參加。

比賽項目

不同於現代，古希臘運動會的參加者，僅限於具有希臘血統的健康男性。

一開始，比賽項目只有賽跑一種，後來逐漸增加跳遠、擲標槍、擲鐵餅、戰車競速、古希臘式搏擊等賽事。

勝利的獎品

在運動會獲勝的選手，除了能夠得到象徵勝利者的桂冠外，回國之後還會收到支持者贈送的各式禮物。

原來如此！

奧林匹克運動會的復興

從西元前七七六年開始，奧林匹克運動會以每四年舉辦一次的頻率，曾經持續了一千年以上。

到了四世紀末，信奉基督教的羅馬帝國皇帝狄奧多西一世，認為這項運動競賽是異教徒的活動，因而宣布停止舉行（參見第30站「古羅馬人何時開始信奉基督教？」）。

一千五百年後，考古團隊陸續在希臘挖到奧林匹亞的遺址，促使法國人皮耶．德．古柏坦呼籲各國重新舉辦奧林匹克運動會，從而獲得許多國家的支持與響應，終於在一八九六年的雅典恢復這場國際性的體育盛會。

有別於古代的奧林匹克運動會都在奧林匹亞舉行，這項賽事現在每隔四年便由不同的城市輪流主辦，並透過聖火的點燃與傳遞，象徵古希臘精神的傳接繼承。

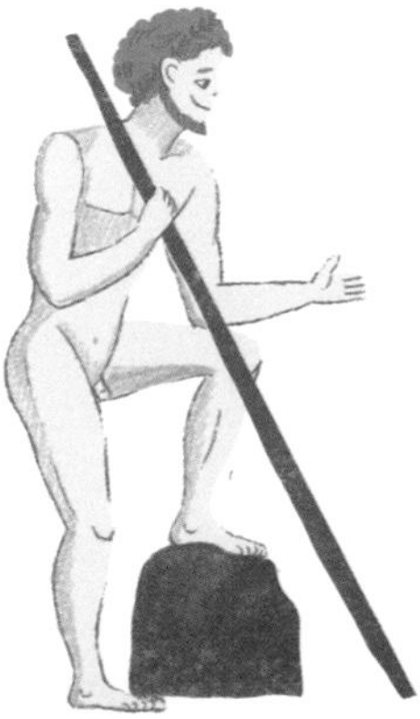

第24站 古希臘的民主制度如何執行？

你參加過班會嗎？和同學們會在班會時間討論哪些事情呢？距今兩千五百多年前，古希臘人會在熱鬧的市集表達個人意見，並且藉由投票決定國家的公共事務。

請觀察第一六五頁的圖片，看看古希臘哪些人擁有投票

權？他們的民主制度跟我們有哪些相同或不同的地方？

民主的萌芽

古希臘不像現在的希臘是個統一的國家，而是由許多小城邦共同組成。起初，這些城邦幾乎都由國王或指揮軍隊的將軍統治管理。

隨著一部分農民和商人越來越富有，加上城邦之間經常發生戰爭，有些城邦不但開始徵召富裕的民眾加入軍隊，還讓這些人參與案件審判，甚至給予他們投票決定政策的權利。

雅典式民主

在古希臘的眾多城邦當中，古雅典的民主制度堪稱最具有代表性。

不同於現代民主國家保障每一位國民的投票權，古雅典只有成年的男性公民可以針對政策予以表決。

每當有需要投票決定的事務，古雅典人會將青銅製的圓形選票投進投票箱，再計算票數確認各種意見的人數多寡。

陶片放逐制

為了避免國家遭到特定人士控制，古雅典公民會定期將可能危害國家的人名寫在陶片選票上，透過投票將危險人物流放國外。

原來如此！

普通選舉權

現在，我國人民只要年滿二十歲，幾乎都能擁有投票權。這種權利不會因為性別、種族、貧富等差異加以設限，所以稱為「普通選舉權」。

事實上，許多民主國家曾經只讓富有且受過教育的成年男性擁有投票權。到了十九世紀中葉，各國逐漸放寬成年男性的投票資格，但是絕大多數的成年女性直到二十世紀初，仍然沒有投票的權利。

隨著兩次世界大戰的爆發，成千上萬的男性被國家徵召入伍，而女性則適時接手男性留下的工作，再三證明自己也是國家不可或缺的重要成員。

眼見如此，諸多民主國家終於讓成年女性公民享有投票權，以此感謝她們為國家做出的巨大貢獻。

第25站 古希臘人觀賞戲劇有什麼特色？

你去過電影院嗎？喜歡哪些電影作品呢？

距今兩千五百多年前，熱愛看戲的古希臘人，經常前往露天劇場觀賞戲劇演出。直到今天，去電影院看戲仍是深受大家喜愛的休閒娛樂。

請觀察第一七一頁的圖片，看看古希臘人的戲劇表演具有哪些特色？

戲劇的出現

古希臘人為了祭祀酒神戴歐尼修斯，不但會舉辦規模盛大的遊行活動，還會由合唱團演唱歌頌神祇的讚美詩。

後來，劇作家將詩歌表演改編成演員背誦臺詞、扮演某位角色的戲劇演出，繼而衍生出悲劇、喜劇等戲劇類型。

劇場與面具

不同於現代電影院幾乎都是室內空間，古希臘人在室外修建階梯形的石頭座位，並在座位前方搭建表演舞臺。

演員上臺演出時，需要戴上造型誇張的面具。這些面具能夠凸顯戲劇角色的性別和情緒，還有放大演員聲音的效果，可以讓坐在後排位置的觀眾清楚聽見表演者的臺詞。

男扮女裝

古希臘戲劇由男演員負責扮演。若要飾演女性角色，男演員會穿戴木頭製成的小道具，讓自己的身材看起來更像女生。

原來如此！

古羅馬的競技場

對於古羅馬人來說，欣賞表演可以說是日常生活的重要娛樂。不過，他們觀看的節目並非戲劇演出，而是格鬥士賭上性命的生死搏鬥。

西元前二世紀，古羅馬人利用石材，在全國建造圓形競技場（參見第27站「古羅馬知名公共建設長什麼樣子？」）。這種建築不但能容納數萬名觀眾，地板下方還有關著猛獸的房間，並且裝設了升降機，以便將格鬥士和野獸運到比賽場地。

這些格鬥士通常是俘虜或罪犯，透過跟其他格鬥士、野獸激烈對打，取悅坐在看臺上的廣大群眾。

受到古羅馬人啟發，現代許多體育競賽的場地，經常採用類似圓形競技場的建築外型。

第26站 古希臘人愛說故事！

你的家人會說故事給你聽嗎？喜歡哪些類型的故事呢？距今兩千七百多年前，古希臘人透過口耳相傳與文字記載，流傳許多神祇和英雄的神話傳說。這些故事不但反映了古希臘人如何想像以前的世界，更是西方文學和藝術的重要養分。

請觀察第一七九頁的圖片，看看你聽過哪些古希臘故事？

眾神的時代

古希臘人遷移到今天的希臘地區時，將自己的宗教信仰帶到這塊土地，後來和土著居民的傳說相互融合，產生了令人著迷的神話故事。

根據古希臘神話，北方的奧林帕斯山住著天地主宰之神宙斯、太陽神阿波羅、智慧女神雅典娜等眾多神祇。這些神祇的外表看起來與人類沒有差別，卻有著呼風喚雨的神奇力量，促使古希臘人建造神廟，以表達對於神明的敬畏。

荷馬史詩

文字和紙張出現前，古希臘人藉由口耳相傳，保存許多神話傳說和歷史故事，並且出現以說故事為職業的吟遊詩人。

在兩千七百多年前，有位名為荷馬的吟遊詩人，將流傳多年的口傳詩歌整理成《伊利亞德》和《奧德賽》兩部史詩。這兩部史詩講述特洛伊戰爭，以及古希臘英雄奧德修斯返鄉的精采故事，日後變成古希臘最具代表性的文學作品。

歷史之父

古希臘歷史學家希羅多德，有系統地蒐集故事寫成歷史著作，因而被後人尊稱為「歷史之父」。

原來如此！

木馬屠城記

根據古希臘神話與荷馬史詩的描述，古希臘的邁錫尼國王阿加曼農，眼見弟弟的王后被特洛伊的王子誘拐，因此，聯合其他希臘城邦，發動大軍跨海攻打特洛伊城。

然而，阿加曼農因為與勇士阿基里斯發生激烈爭執，造成希臘聯軍長年圍攻特洛伊城卻無法取勝。

最後，足智多謀的奧德修斯要希臘聯軍打造一座大型木馬，將一批精銳部隊藏在木馬當中，再假裝聯軍搭船離開特洛伊。

等到特洛伊人將木馬當作戰利品拉進城內，躲在木馬裡面的希臘人利用夜晚打開城門，而城外的希臘部隊則趁機一湧而入，終於占領特洛伊城。

第六部

古羅馬文明

第27站

古羅馬知名公共建設長什麼樣子？

說到現代常見的公共建設，包含公園、學校等設施。距今兩千多年前，擁有先進工程技術的古羅馬人，在遼闊的帝國境內修築道路、公共浴場、圓形競技場等公共建設（參見第25站**原來如此**「古羅馬的競技場」）。這些建設既是統治者鞏固政權的工具，也是民眾日常生活的重要空間。

請觀察第一八七頁的圖片，看看古羅馬人為什麼重視這些公共建設？

條條大路通羅馬

今天的歐洲國家義大利，曾是古羅馬文明的發源地。當時，古羅馬統治歐洲大半、非洲北部、亞洲西部等廣大的地區。為了讓軍隊能夠快速到達帝國各個角落，古羅馬人非常重視道路的建設。不同於現代道路經常使用瀝青作為建材，古羅馬人以砂礫、石板、金屬等材料鋪設道路。根據統計，古羅馬道路的總長度超過四十萬公里，相當我國福爾摩沙高速公路（國道三號）的一千倍長。

公共浴場

對古羅馬人來說，公共浴場不只是單純的衛生空間，還是跟朋友聚會的社交場所。除了擁有不同水溫的各式浴室，有些浴場還附設餐廳、按摩室、健身房、圖書館等設施，堪稱古羅馬人放鬆身心的最佳去處。

混凝土

古羅馬人掌握了利用石灰、碎石、水製作混凝土的訣竅。這種建材具有良好的可塑性，乾燥之後又相當堅固，使得古羅馬的建築技術獲得飛躍性的成長。

原來如此！

古羅馬的衛生設備

觀察古羅馬人留下的建築遺跡，可以發現他們是非常注重衛生的民族。

當時，古羅馬的富裕階級經常建造公共浴場和廁所，以確保家裡沒有浴缸、馬桶等設備的市民，可以妥善清潔身體。

不同於我們使用沐浴乳或肥皂洗澡，古羅馬人清洗身體時，會在身上塗抹精油，再用除垢棒刮掉汙垢。由於當時沒有衛生紙，古羅馬人上完廁所後，以附有海綿的木棒擦拭臀部。

此外，古羅馬人懂得修建上水道，將蓄水池的乾淨用水送到浴場與廁所，並利用下水道排放用過的汙水。

第28站
古羅馬的晚宴與現代有何不同？

你參加過宴會嗎？喜歡吃哪些料理？

距今兩千多年前，熱愛美食的古羅馬人，將晚宴視為不可或缺的重要活動。除了能夠品嘗宴席主人準備的各式佳餚，晚宴也是古羅馬人結交朋友、交換情報的社交場合。

請觀察第一九三頁的圖片，看看古羅馬晚宴吃些什麼？

臥躺進食

對於古羅馬人而言，可以悠閒吃飯的晚餐，是一天當中最重要的一餐。

當時，古羅馬的富裕階級會在中午之前結束工作，並邀請好友和官員參加從下午直到深夜的豪華晚宴。

不同於現代人經常坐在餐桌前吃飯，參加宴會的古羅馬人，會側躺在排成馬蹄形的三張沙發上，用手指或湯匙拿取食物，並將無法食用的骨頭或甲殼隨意丟在地上。

典型菜色

一般來說，典型的古羅馬料理包含前菜、主菜、甜點三個部分。在前菜階段，古羅馬人通常以雞蛋沙拉搭配蜂蜜葡萄酒，接著開始吃麵包、肉類等主菜，最後再享用水果和點心為主的甜點。

調味料

為了增添食物的風味，古羅馬人做菜時，會使用胡椒、蜂蜜、魚醬、橄欖油作為調味料。

原來如此！

唐朝的飲食文化

今天，我們吃喝的諸多食物，早在一千多年前的唐朝就已經出現。

舉例來說，唐朝的南方人把米飯當作主要食物，而北方人不只以饅頭、麵條、水餃作為主食，也經常吃來自西域的各式餅類，並且攝取許多乳製品。

副食方面，唐朝人不但食用豬、牛、雞、魚等肉類，還特別喜歡吃羊肉。不過，肉類在當時相當昂貴，通常只有富裕階級可以每天享用。

至於飲料部分，唐朝流行飲用酒和茶，並會在宴席間進行猜拳、猜謎、作詩等活動，因而留下許多描寫食物的詩歌。

第29站 古羅馬人如何建立家庭？

你去過親友的婚禮嗎？有沒有印象深刻的儀式或表演呢？距今兩千多年前，重視家族繁衍的古羅馬人，擁有相當多樣的結婚習俗。從以前到現在，婚姻不只是新郎與新娘的兩人世界，更是結合兩個家族的重要連繫。

請觀察第一九九頁的圖片，看看古羅馬人的結婚方式，與現代婚禮有哪些相同或不同的地方？

結婚儀式

對古羅馬人來說，婚姻的主要目的是替家族累積財富和人脈。因此，小孩到了十幾歲的年齡，身為一家之主的父親便會替他們挑選結婚對象。

如果雙方家族都同意這樁婚事，新郎會前往未來的岳父家贈送禮物，新娘則戴上新郎給予的戒指。接著，新郎與新娘緊緊握手象徵忠於對方，再由迎娶隊伍將新娘接回新郎的住家。

婚後生活

古羅馬人採取一夫一妻的制度。由於父親掌管家族的姓氏、祭祀、財產等事務，他在家裡擁有最高的權威，甚至可以處罰或拋棄小孩。

另一方面，古羅馬婦女的地位雖然低於丈夫，她們仍比其他國家的女性享有更大的經濟自由。如果和丈夫相處不融洽，古羅馬婦女可以申請離婚，繼而拿回她們的嫁妝。

危險的生產

古羅馬婦女一生平均懷孕超過十次，許多孕婦常在分娩的過程中因為難產而去世。

中式婚禮的媒人

不同於我們現在可以透過自由戀愛，跟喜歡的人建立家庭，直到數十年前，許多家庭的婚事仍然是由父母替子女做決定。

由於我國自古便相當重視「明媒正娶」，以前只要某戶人家的孩子到了適婚年齡，常會委託媒人幫忙介紹合適的結婚對象。

接著，若是雙方家庭都接受這段姻緣，媒人會進一步為兩家確認聘金、儀式等細節。等到婚禮順利結束，負責撮合的媒人便會收取費用作為謝禮。

一般來說，媒人需要熟知婚禮的流程與禁忌，通常由幸福長壽的長者擔任，希望藉此將福氣帶給新人。

第30站

古羅馬人何時開始信奉基督教？

你聽過耶穌這位歷史人物嗎？是否知道我們現在使用的西元紀年法，是以耶穌誕生那一年開始計算呢？

一世紀初，耶穌以猶太人的宗教作為基礎，創立新的宗教基督教。一開始，認為世界上只有一個神的基督教，本來是地中海東岸的在地信仰，後來在羅馬帝國境內迅速傳播，進而發展為全世界最多人信奉的宗教之一。

請觀察第二〇四頁的圖片，看看基督教如何變成羅馬帝國的官方信仰？

古羅馬宗教

打從建國之初，古羅馬人相信萬物皆有神靈，因此相當重視祭拜祖先與神祇。

隨著羅馬帝國陸續征服周邊國家，古羅馬人不但主動接納埃及、波斯等地的神明，就連自己的宗教也深受古希臘神話的影響。

舉例來說，古羅馬的主要神祇朱比特，便與古希臘神話的宙斯極為相似，不難看出古羅馬人對於外國宗教的吸收與轉化。

基督教誕生

距今兩千年前，一位名叫耶穌的猶太人，開始在現在的亞洲國家以色列境內宣揚基督教。

對於窮苦的人民來說，基督教給了他們救贖的希望，故而耶穌很快就被廣大信徒當成救世主。

然而，擔心基督徒群起反抗的古羅馬官員，不但將耶穌逮捕處死，還大力壓迫他的信徒，卻仍然無法制止民眾信仰基督教。

成為官方信仰

到了四世紀，古羅馬皇帝終於停止打壓基督教，後來更受洗為基督徒，正式確立基督教的官方地位。

原來如此！

穆罕默德創立伊斯蘭教

現在，全世界擁有最多信徒的宗教是基督教，其次則是由阿拉伯人穆罕默德創立的伊斯蘭教。

五七〇年左右，穆罕默德誕生於阿拉伯半島的麥加這座城市。根據傳說，穆罕默德曾經獲得天使傳授《可蘭經》，進而發展出伊斯蘭教，主張只有阿拉才是唯一的神。

起初，麥加住民相當排斥伊斯蘭教，迫使穆罕默德與信徒離開故鄉，轉而到北方的麥地那傳教。

隨著伊斯蘭教的影響力日益擴大，穆罕默德與繼承人陸續征服阿拉伯半島、地中海東岸、高加索地區、非洲北部甚至到達伊比利半島，成為基督教世界不容忽視的厲害勁敵。

第七部
古美洲文明

第31站
古馬雅人如何尋找食物？

你喜歡吃巧克力嗎？是否知道巧克力的原料可可豆，源自遙遠的美洲大陸呢？

在遠古時代，一些獵人為了追捕大型野獸，從亞洲前往遼闊的美洲，繼而在當地發現其他大陸沒有的動物和植物。

請觀察第二一五頁的圖片，看看古馬雅人的食物來源，如何影響現代人的飲食生活？

人類抵達美洲

距今兩萬年前左右，地球處於寒冷的冰河時期，使得大量海水凍結成冰。由於海平面大幅下降，原本位於海面下的陸地得以露出，導致亞洲與美洲之間出現連接兩地的巨大陸橋。

其後，亞洲的猛瑪象、野牛等大型野獸沿著陸橋前往美洲，而緊追不捨的獵人也跟著抵達這片新天地。

隨著氣溫逐漸回暖，結冰的海水開始融化，造成亞洲和美洲再度被海洋分隔開來。

古馬雅人吃什麼？

今天的中美洲地區，曾經是古馬雅文明的所在地。不同於其他大陸常以稻米或小麥當作主食，古馬雅人以當地特有的玉米、豆子、南瓜、辣椒等植物，作為主要的食物來源。

與此同時，古代的美洲大陸缺少豬、羊、馬等動物，促使古馬雅人捕捉狗、鴨、火雞、鹿來食用。

昂貴的飲料

古馬雅人將可可豆視為貴重商品，通常只有貴族可以喝可可沖泡而成的苦味飲料。

原來如此！

古馬雅人的玉米神

對於古馬雅人來說，玉米不只是重要的糧食作物，還是神明賦予人類的神聖禮物。

根據古馬雅人的宗教經典《波波爾．烏》記載，神祇創造人類的時候，使用了玉米作為人的軀幹，再以玉米粉麵團製作人的四肢，從而完成人類的祖先。

藉由種植、採收到重新播種玉米的過程，古馬雅人發展出死而復生的宗教觀念，進而相當崇拜能夠不斷死亡與重生的玉米神。

第32站

古馬雅人的球賽與現代有何不同？

你踢過足球嗎？你是否知道哪個國家，曾經在世界盃足球賽贏過最多次冠軍呢？

距今三千多年前，古美洲人發明一種使用橡膠球比賽的運動。這種球賽並非單純的體育競賽，而是宗教儀式的一部分。

以古馬雅人為首的中美洲地區，格外熱衷這項神聖的賽事。

請觀察第二二一頁的圖片，看看古馬雅人的球類運動，跟現代的足球比賽有哪些相同或不同的地方？

神聖儀式

生活在古代中美洲的人們，很早就發現橡膠樹的樹液具有彈性，便利用橡膠製作圓形的小球，進而發展出拋接橡膠球的體育運動。

根據古馬雅神話，一對神祇兄弟為了報殺父之仇，曾經前往死後世界與冥界之王較量球技，最後順利打敗冥界之王。

對於古馬雅人來說，球賽不單是爭奪勝負的體育運動，更是溝通人間與陰間的重要儀式。一般而言，每支球隊由數名球員組成，一同在石頭打造的長方形球場賣力比賽。

比賽規則

不同於現代足球員主要用腳傳球和射門，古馬雅球員運用臀部及腰部傳接球，再讓球打中球場的鳥頭石像獲得分數。

由於比賽用球既沉重又具有彈性，參賽選手會穿戴皮革或植物製作的護具，以避免激烈運動導致受傷。

輸球的代價

球賽進行時，群眾會在球場周邊的看臺觀看比賽，而輸球的隊伍則為變成獻給神祇的祭品。

原來如此！

足球的起源

二〇〇四年，世界盃足球賽的主辦單位國際足球總會，正式認可中國山東是足球的發源地。

根據記載，中國人至少在兩千五百年前，就開始踢一種稱為「鞠」的球。不同於現代足球使用充氣的橡膠球，鞠是在皮革縫製的球中，放入羽毛作為填充物，因此相對缺乏彈力。

值得注意的是，古中國人蹋鞠不但是種休閒活動，還可以鍛鍊士兵的體力和紀律。

隨著唐朝人掌握了製作充氣球的技術，蹋鞠發展出更加活潑多樣的玩法，繼而變成不分男女老幼都喜愛的體育遊戲。

第33站 莫切人為什麼要製作陶壺？

你常用水壺喝水嗎？你的水壺是用哪些材質製成的呢？現在的南美洲國家秘魯，曾是莫切文明的勢力範圍。這個文明雖然沒有文字和錢幣，卻是南美洲最早的國家之一，並以巧奪天工的金屬飾品及彩繪陶壺聞名於世。

請觀察第二二七頁的圖片，看看莫切人製作的陶壺，具有什麼樣的特殊意義？

莫切王國

大約兩千年前，莫切人在南美洲西北部的沿海地區，建立了遼闊而狹長的王國。相較於鄰近地區，莫切王國已經發展出階級分明的社會結構。因此，統治者能夠徵調廣大人民，著手建造街道、神廟、灌溉渠道等大型建設。

莫切王國不但能夠養活龐大的人口，還有充裕的物資跟其他聚落交易商品，對於當地的影響力長達數百年之久。

陶器工藝

除了擁有高超的金屬加工技術，莫切人精心製作的陶壺，更具有實用和儀式的雙重功能。

當時，莫切工匠懂得利用模具，大量生產陶器，再根據需求調整造型、畫上圖案，最後完成以人物或動物為主題的彩色陶壺。這些陶壺不只是盛裝液體的容器，還是宗教儀式的重要器具，因此經常變成和死者一同下葬的陪葬品。

文化解體

七世紀，莫切王國似乎長年面臨天災，進而因為糧食不足爆發內戰，最終導致國家就此解體。

原來如此！

受西亞影響的青花瓷

眾所皆知，「china」這個單字除了是中國的英文國名，同時也有「瓷器」的意思。由於瓷器曾是中國輸出海外的重要商品，外國便將這種使用瓷土燒成的器物稱為「china」。

在中國生產的多種瓷器當中，於白色表面畫上藍色花紋的「青花瓷」，特別受到其他國家的喜愛。

青花瓷之所以能夠順利問世，關鍵在於元朝建立了暢通無阻的跨國貿易，使得中國工匠不但受到伊斯蘭風格啟發，更取得來自伊朗的藍色顏料，從而創作出舉世聞名的青花瓷。

第34站 阿茲特克人的農田有什麼特殊之處？

你看過種植農作物的田地嗎？是否知道哪個國家擁有全世界最大的農田呢？

現在的北美洲國家墨西哥，曾是阿茲特克文明的發源地。

十四世紀初，阿茲特克人在湖中的島嶼創建首都，並且透過建造浮田增加收成，從而締造強盛的阿茲特克帝國。

請觀察第二三二頁的圖片，看看阿茲特克人打造的浮田，跟我們常見的田地有哪些相同或不同的地方？

特諾奇提特蘭

距今七百年前，四處遷徙的阿茲特克人獲得預言，指示他們在有老鷹叼著蛇站在仙人掌上的地方建立城市。之後，阿茲特克人在特斯科科湖的島上看到這幅景象，便在當地建造首都，取名為特諾奇提特蘭。

之後，逐漸強大的阿茲特克文明開始要求鄰國進獻貢品，

使得特諾奇提特蘭變得越發繁榮，一度成為擁有數十萬人居住的大型城市。

奇南帕

隨著人口迅速增加，阿茲特克人為了生產更多糧食，開始在湖中打造人工浮田。

這種稱為「奇南帕」的浮田，是在水面停泊木筏、以插入湖底的木樁加以固定，並在木筏上鋪滿肥沃的淤泥，形成可以種植農作物或興建房屋的新生地。

這種浮田可以生產豐富的蔬菜和水果，是阿茲特克人重要的食物來源。

墨西哥城

十六世紀初，來自歐洲的西班牙軍隊攻陷特諾奇提特蘭（參見第35站**原來如此**「古美洲文明輸給疾病」），並在廢墟上方營建新的城市，日後蛻變為現在墨西哥首都墨西哥城。

原來如此！

古中國人圍湖造田

與阿茲特克人相似，古中國人為了養活日益增加的龐大人口，很早就嘗試修建堤岸阻隔溪水注入湖泊，藉此讓日益乾涸的湖泊變成新生田地。

透過這種「圍湖造田」的方式，古中國人得以慢慢擴大田地面積，繼而收成更多的糧食作物，乍看似乎可以增加人們的經濟收入。

然而，這種開墾型態不但嚴重影響湖泊的蓄水功能，導致水、旱災更頻繁發生，還會破壞水生動植物的棲地，造成海鮮產量銳減，促使歷代統治者不得不屢次禁止圍湖造田。

第35站

印加人如何開闢山城？

你喜歡爬山嗎？你是否知道南美洲的印加文明，曾在高達三千公尺的山區建立城市呢？

大約在莫切王國消失七百年後，住在安地斯山脈的印加人逐漸征服周邊聚落。為了統治遼闊的領土，印加人運用高超技術鋪設道路、開發農田，得以在高聳的山地創建強大帝國。

請觀察第二四一頁的圖片，看看印加人如何在高山開墾田地？又是怎麼記下每天發生的事情？

天空之城

不同於許多文明發源於平坦的原野，印加人治理的帝國大多位在山地，使得人員和貨物經常得在山區往來移動。

面對地形的阻礙，擁有精良工程技術的印加人，不但在山間架設吊橋、修建長達四萬公里的道路，還設置許多驛站傳遞消息。此外，印加帝國雖然沒有馬匹，卻大量飼養適合山地生活的駱馬。這種外觀類似駱駝的動物，既能幫忙搬運物資，也是印加人取得毛皮和肉類的重要來源。

階梯狀田地

印加人的主要城市多半坐落山區，促使他們將山坡開墾成階梯狀的田地，並建造渠道引水灌溉。

由於印加帝國尚未掌握先進的煉鐵技術，他們主要使用木製農具耕作梯田。如同美洲其他文明，印加人以玉米和馬鈴薯作為主食，且會設法去除食物的水分，藉此延長保存期限。

結繩記事

印加帝國沒有發展出文字系統，而是透過在繩子打結的方式記錄事情。

原來如此！

古美洲文明輸給疾病

十五世紀開始，以葡萄牙和西班牙為首的歐洲國家，為了尋找通往亞洲的海上路線，積極贊助冒險家探勘海路，促使航海家哥倫布於一四九二年，抵達美洲大陸。

當時，來到美洲的西班牙人聽說當地蘊藏大量的黃金，因此率軍攻擊阿茲特克、印加等文明。

即便西班牙軍隊人數不多，他們卻裝備了美洲原住民從未看過的鎧甲、槍炮、馬匹等先進武器，並且帶來天花、麻疹、流行性感冒等疾病。

由於美洲原住民缺乏抵抗這些疾病的抗體，造成人們大量死亡，進而導致阿茲特克帝國與印加帝國的覆滅。

參考資料

專書

◎ Alfredo Rizza 著，唐偉莉譯，《文明曙光的兩河》，臺北縣：閣林國際圖書，二〇〇九。

◎ Carmen Bernand 著，楊智清譯，《印加文明：太陽的子民》，臺北市：時報文化，二〇〇三。

◎ Carolina Orsini 著，賴海清譯，《太陽之子的印加》，臺北縣：閣林國際圖書，二〇〇九。

◎ Claude Baudez & Sydney Picasso 著，馬振騁譯，《馬雅古城：湮沒在森林裡的奇蹟》，臺北市：時報文化，一九九四。

◎ Davide Domenici 著，張淑伶、李延輝譯，《太陽神殿的馬雅》，臺北縣：閣林國際圖書，二〇〇九。

◎ Giorgio Ferrero 著，林志都譯，《法老守護的埃及》，臺北縣：閣林國際圖書，二〇〇九。

◎ Jean Bottero & Marie-Joseph Steve 著，馬向陽譯，《美索不達米亞：兩河流域的文明

曙光》，臺北市：時報文化，二〇〇三。
◎ Maria Angelillo 著，閻紀宇譯，《神祕聖境的印度》，臺北縣：閣林國際圖書，二〇〇九。
◎ Maria Teresa Guaitoli 著，李倩譯，《世界帝國的羅馬》，臺北縣：閣林國際圖書，二〇〇九。
◎ Pierre Leveque 著，王鵬、陳祚敏譯，《希臘的誕生：燦爛的古典文明》，臺北市：時報文化，一九九四。
◎ Roger Hanoune & John Scheid 著，黃雪霞譯，《羅馬人》，臺北市：時報文化，一九九九。
◎ Serge Gruzinski 著，馬振騁譯，《阿茲特克：太陽與血的民族》，臺北市：時報文化，一九九六。
◎ Stefano Maggi 著，張寶梅譯，《眾神殿堂的希臘》，臺北縣：閣林國際圖書，二〇〇九。
◎ 北京故宮博物院編，《你應該知道的二〇〇件青銅器》，臺北市：藝術家出版，二〇〇七。
◎ 石雲濤著，《絲路烽煙：漢與匈奴在西域的較量》，北京市：商務印書館，二〇一五。
◎ 尼爾・麥葛瑞格 (Neil MacGregor) 著，劉道捷、拾已安譯，《看得到的世界史：九九樣物品的故事 你對未來會有一個答案》，臺北市：大是文化，二〇一二。
◎ 安東尼・梅森 (Antony Mason) 著，許瓊瑩譯，《美洲古文明》，臺北市：時報文化，二〇〇三。

◎艾瑞克・克萊恩 (Eric H. Cline) 著，黃楷君譯，《時光出土：考古學的故事》，新北市：臺灣商務印書館，二〇一九。

◎亞歷山大・孟洛 (Alexander Monro) 著，廖彥博譯，《紙的大歷史：從蔡倫造紙到數位時代，跨越人類文明兩千年的世界之旅》，臺北市：聯經，二〇一七。

◎李守中著，《長城往事》，臺北市：遠流，二〇一〇。

◎李偉主編，《穿越絲路：發現世界的中國方式》，香港：中華書局，二〇一八。

◎林志宏著，《世界遺產與歷史城市》，臺北市：臺灣商務印書館，二〇一〇。

◎彼德・梵科潘 (Peter Frankopan) 著，苑默文譯，《絲綢之路：從波斯帝國到當代國際情勢，橫跨兩千五百年人類文明的新世界史》，新北市：聯經出版，二〇二〇。

◎芮樂偉・韓森 (Valerie Hansen) 著，吳國聖、李志鴻、黃庭碩譯，《絲路新史：一個已經逝去但曾經兼容並蓄的世界》，臺北市：麥田出版，二〇一五。

◎近藤二郎著，張秋明譯，《圖解古埃及文明》，臺北市：商周出版，二〇一三。

◎胡川安編，貓小姐插圖，《貓狗說的人類文明史：「故事」團隊，請喵喵汪汪說故事給你聽！》，臺北市：悅知文化，二〇一九。

◎科林・薩爾特爾 (Colin Salter) 著，朱家鴻譯，《震撼世界的海報：全球最具權威性、煽動性、開創性的海報聖經，見證歷史、改變世界，描繪未來》，臺北市：方言文化，二〇二一。

◎迪亞哥．德莫雷斯（Thiago de Moraes）著，鄧捷文、溫力秦譯，《歷史地圖：認識一五個強盛帝國從崛起到殞落的故事》，臺北市：三采文化，二〇二一。

◎野蠻小邦周著，《爆料商周：上古史超譯筆記》，新北市：遠足文化，二〇一八。

◎唐諾．萊恩（Donald P. Ryan）著，鄭煥昇譯，《古埃及二四小時歷史現場：穿越時空，目睹由木乃伊師傅、失眠法老王、酒醉女祭司、專業孝女和菜鳥盜墓者主演的一日實境秀》，新北市：聯經出版，二〇二〇。

◎麥可．凱利根（Michael Kerrigan）著，許瓊瑩譯，《希臘古文明》，臺北市：時報文化，二〇〇三。

◎麥可．凱利根（Michael Kerrigan）著，朱孟勳譯，《羅馬古文明》，臺北市：時報文化，二〇〇三。

◎國立歷史博物館編輯委員會編輯，《文明曙光：美索不達米亞 羅浮宮兩河流域珍藏展》，臺北市：國立歷史博物館，二〇〇一。

◎許進雄著，《文字學家的甲骨學研究室：了解甲骨文不能不學的一三堂必修課》，新北市：臺灣商務印書館，二〇二〇。

◎張濤，《秦始皇兵馬俑》，臺北市：藝術家出版，一九九六。

◎雅各．菲爾德（Jacob F. Field）著，葉咨佑譯，《歷史在這裡發生過：五十個決定人類發展的歷史場域》，臺北市：商周出版，二〇二〇。

◎菲利浦．馬提札克(Philip Matyszak)著，鄭煥昇譯，《古羅馬二四小時歷史現場：女奴、占星師、角鬥士、浴場服務生與元老院議員帶你穿梭時空二〇〇〇年》，新北市：聯經出版，二〇一九。

◎喬治．羅林森著，姜燕譯，《古埃及史》，北京市：中國畫報出版社，二〇一八。

◎凱斯．休斯頓(Keith Houston)著，吳煒聲譯，《書的大歷史：橫跨歐亞大陸，歷經六千年，認識推動人類歷史的最強知識載具》，臺北市：麥田出版，二〇一九。

◎凱薩琳．伊格頓(Catherine Eagleton)、喬納森．威廉斯(Jonathan Williams)著，周全譯，《金錢的歷史》，臺北市：博雅書屋，二〇〇九。

◎瑪格麗特．歐麗梵(Margaret Oliphant)著，貓頭鷹編譯小組譯，《發現古文明》，臺北市：貓頭鷹出版，一九九八。

◎潘晟撰文，《秦始皇和他的地下帝國：揭開秦兵馬俑的祕密》，臺北縣：風景文化出版，二〇〇六。

◎潘禕、方振寧等著，《美索不達米亞藝術：人類最古的文明》，臺北市：藝術家出版，二〇〇一。

◎羅勃．莫考特(Robert Morkot)著，曾琇蕙譯，《埃及古文明》，臺北市：時報文化，二〇〇三。

◎羅哲文著，《長城》，北京市：清華大學出版社，二〇〇八。

論文

◎古正美，〈佛教傳播與中國佛教國家的形成〉，《成大歷史學報》第四〇期，二〇一一年六月。
◎古涵詩，《明清以來鄱陽湖圍湖造田的原因與影響之研究》，國立中山大學中國與亞太區域研究所碩士論文，二〇一二。
◎李文獻，〈臺灣漢人傳統締結婚姻時在倫理和禮法上的禁忌〉，《桃園創新學報》第三三期，二〇一三年十二月。
◎李文獻，〈臺灣傳統漢人婚禮中的媒人研究〉，《桃園創新學報》第三五期，二〇一五年十二月。
◎李宗焜，〈從商周人牲人殉論「始作俑者」的義涵〉，《臺大中文學報》第四五期，二〇一四年六月。
◎何冠儀，《從《玉米人》中的「水」、「火」元素論玉米對瓜地馬拉原住民的重要性》，臺中市：靜宜大學西班牙語文學系碩士論文，二〇〇七。
◎杜冠穎，《元代族群分類的演變》，臺北市：國立臺灣大學歷史學研究所碩士論文，二〇二〇。
◎周欣宜，《臺南市近代化改造過程中的歐斯曼化現象》，國立成功大學建築學系碩士論文，二〇一三。

◎林銘楠，《論元代青花瓷之研究》，國立中山大學高階公共政策碩士學程在職專班碩士論文，二〇二〇。
◎施靜菲，〈元代景德鎮青花瓷在國內市場中的角色和性質〉，《國立臺灣大學美術史研究集刊》第八期，二〇〇〇年三月。
◎張光仁，〈兩個皇帝的故事——贏政與哈德良〉，《博物館學季刊》第二三卷第三期，二〇〇九年七月。
◎張至琦、羅智聰，〈中國古代蹴鞠運動的發展軌跡之探討〉，《輔仁大學體育學刊》第四期，二〇〇五年五月。
◎張晏行，《中國蹴鞠的演變—以漢、唐、宋為主》，東吳大學歷史學系碩士論文，二〇一六。
◎許光麃、黃建松，〈從傳統民族文化觀點談現代奧運會〉，《身體文化學報》第四輯，二〇〇七年六月。
◎許佩賢，〈日治末期臺灣的教育政策：以義務教育制度實施為中心〉，《臺灣史研究》第二〇卷第一期，二〇一三年三月。
◎傅及光，《唐代飲食文化研究》，高雄市：國立中山大學中國文學系博士論文，二〇一四。
◎劉文彬，〈二十世紀初法國婦女選舉權的困境與突破〉，《中正歷史學刊》第一九期，二〇一六年十二月。

◎ 龍婉雯，〈中國書寫工具的演進--以竹簡、木簡與木牘為例〉，《中華科技史學會學刊》第一八期，二〇一三年十二月。

◎ 嚴佳芳，〈簡介印度的婆羅門教、印度教、耆那教與錫克教〉，《清華歷史教學》第三期，一九九四年六月。

網路文章

◎ Owen Jarus, “This 4,500-Year-Old Ramp Contraption May Have Been Used to Build Egypt's Great Pyramid,” Live Science, October 31, 2018.（最後瀏覽日期：二〇二一年十月九日）

◎ “Israeli Researchers Brew ‘Ancient Beer’ with Antique Yeast,” BBC, 22 May 2019.（最後瀏覽日期：二〇二一年十月九日）

◎ “Religious Composition by Country, 2010-2050,” Pew Research Center, 2 April 2015.（最後瀏覽日期：二〇二一年十月三一日）

後記

還記得二十多年前，當時就讀小學的我，在家中書櫃找到五本吳涵碧女士撰寫、中華日報發行的兒童讀物《吳姐姐講歷史故事》。雖然這幾本書字體較小又沒有注音，但我仍對吳姐姐筆下的精采故事深深著迷，來來回回讀了許多次。

仔細想來，《吳姐姐講歷史故事》不但是我認識中國歷史的啟蒙讀物，也是日後選擇就讀歷史系，並且成為歷史書寫的關鍵推手之一。

幾年前服完兵役，我在同袍的鼓舞激勵下，開始在網路媒體撰寫歷史通俗文章。其後，有幸獲得財團法人國語日報社邀請，在該社刊物《國語日報週刊》連載「古文明之旅」專欄，繼而有這本書的問世。

本書是以我在《國語日報週刊》的連載為基礎，加以擴充改寫而成。除了向讀者介紹兩河流域、古中國、古印度、古埃及、古希臘、古羅馬、古美洲等七大古文明的風格特色，並透過「原來如此」短文，帶著大家認識、比較各文明的相異與相近之處。倘若本書有不足之處，敬請各位讀者、先進不吝予以指正。

拙作能夠順利出版，首先感謝同袍瑤哥帶我進入歷史書寫的世界，才能有後續執筆專欄、集結出書的可能；端賴國語日報社陳韻竹編輯及古文主編的邀稿和幫忙，我的文字有機會搭配豫寧老師的可愛插畫，以更加豐富有趣的形式呈現在各位面前。

最後，謝謝時報出版王衣卉主編為了這本書所做的種種努力，下一本書依舊要麻煩您與同仁們多多費心（鞠躬）。

衷心期盼這本小書可以扮演大眾與歷史之間的橋梁，促使對歷史感興趣的廣大讀者朋友，一同踏上穿越時空的冒險旅程！

世界古文明之旅

來一場有趣的歷史大冒險吧！

作　　者　宋彥陞（阿探）
繪　　者　yunintsai（蔡豫寧）
主　　編　王衣卉
行銷主任　王綾翊
全書設計　Anna D.

第五編輯部總監　梁芳春
董事長　趙政岷
出版者　時報文化出版企業股份有限公司
108019 臺北市和平西路三段二四〇號

發行專線　(02) 2306-6842
讀者服務專線　(02) 2304-7013、0800-231-705
郵撥　19344724 時報文化出版公司
信箱　10899 台北華江郵局第99信箱
時報悅讀網　www.readingtimes.com.tw
電子郵件信箱　yoho@readingtimes.com.tw
法律顧問　理律法律事務所　陳長文律師、李念祖律師
印刷　和楹印刷有限公司
初版一刷　2022年9月23日
定價　新臺幣420元

世界古文明之旅/宋彥陞作；蔡豫寧繪. -- 初版. -- 臺北市：時報文化出版企業股份有限公司, 2022.10
256面；14.8×21公分
ISBN 978-626 335-938-3（平裝）
1.CST: 文明史 2.CST: 古代史 3.CST: 世界史 4.CST: 通俗作品
713.1　　111014557